오늘의문학 시인선
429

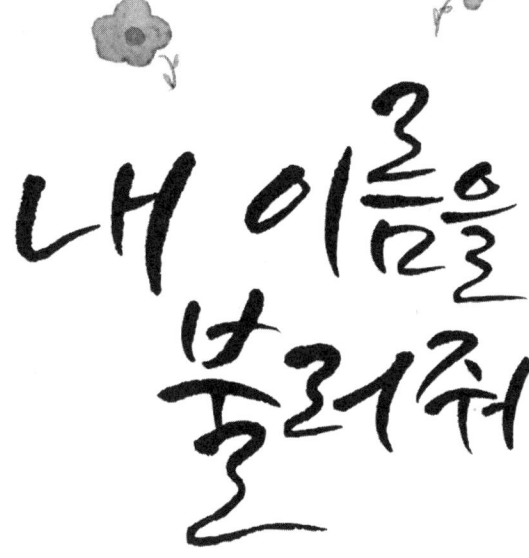

내 이름을 불러줘

전 성 재 세번째 시집

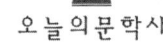
오늘의문학사

국립중앙도서관 출판예정도서목록(CIP)

내 이름을 불러줘 : 전성재 세번째 시집 / 지은이: 전성재.
-- 대전 : 오늘의문학사, 2018
  p. ;   cm. -- (오늘의문학 시인선 ; 429)

용인문화재단의 문예진흥기금을 지원받아 발간되었음
ISBN 978-89-5669-938-7 03810 : ₩9000

한국 현대시[韓國現代詩]

811.7-KDC6
895.715-DDC23   CIP2018026295

내 이름을 불러줘

소전 전성재 시인 캐리커처
(김낙필 시인/ 화가 작)

서문

누구에게나 이루고자 하는 꿈과 희망이 있다.

그러나 그것을 채우지 못하고 이루어 내지 못하는 안타까움이란 얼마나 슬픈 일인지 모른다.

그래도 그 중에서 하나 좋아 하고 사랑하는 시 작업을 꾸준히 하고 있다는 것만으로도 한 분야를 채워 가고 있기 때문에 얼마나 자랑스럽고 사랑스러운 일인지 모른다.

시를 쓴다는 것은 나의 꿈 중에서 하나 가장 의지할 수 있는 한 부분이기에 그토록 시를 사랑하고 그래서 시를 통해 나의 세계를 만들어가기도 한다.

언젠가 얘기 했듯이 좋은 시를 만나고 나만의 아름다운 시 작업을 하고 나면 얼마나 행복한지 모른다.

오늘도 희노애락애오욕의 감정들을 용해하여 아름답고 단아하고 깔끔하고 담백한 멋진 영혼의 사진들을 그려가고 싶다.

그런 날이 행복하다.

그런 날을 자꾸만 만나고 싶다.

오늘도 행복이란 선물을 주우러 어디론가 떠나련다.

늘 사랑하는 가족과 부모형제가 보고 싶고 고향이 그리워진다.

2018. 9.
소실봉 자락에서 소전 전 성 재

서문 ——————————— 4

1부 맛있는 가을

담쟁이 ——————————— 11
파랑새 ——————————— 12
풍경 소리 ——————————— 14
춘래불사춘春來不似春 ——————— 15
맛있는 가을 ——————————— 16
가을 소고 ——————————— 18
겨울나무 ——————————— 19
아시나요 ——————————— 20
향수鄕愁 ——————————— 21
고백 ——————————————— 22
쭈뼛쭈뼛 ——————————— 24
세상 걸음 ——————————— 25
발 ——————————————— 26
그리워 한다는 것은 ——————— 28
인생살이 ——————————— 30
길 ——————————————— 31
꽃 중의 꽃 ——————————— 32
창조創造 ——————————— 33
이름 ——————————————— 34

2부 뭐가 그리 급한지

아쉬움	37
어쩌지?	38
바보 온달과 평강공주	40
아날로그	42
쌍지암	44
돌풍	45
산다는 것은	46
이제는	48
틈만 나면	49
이제는	50
허무	52
오장환을 만나러 회인면을 가다	54
요즘 세상	56
뭐가 그리 급한지	57
6월의 고란사	58
허무	60
이런 세일	62
하얀 종이	64
그날은	66
꽃샘추위	68
좋은 세상	70
요즘 감기	71
사랑이라 말 하겠소	72

3부 다시 만난 영랑

어쩌면 좋을까	75
메르스	76
사랑	78
보사노바 나희경	80
보사노바 리듬에 취해	82
독도여	84
세월이란	86
벌써 육십	88
나혜석 거리를 걷다가	90
뭉크의 절규	92
외로움	94
모르겠네	96
벌거벗은 그녀	98
요즘 세상 2	101
요즘 세상 3	102
세월	103
무궁화 1	104
무궁화 2	106
다시 만난 영랑	108
RED SUMMER NIGHT	110
헐 ㅠㅠ	112

4부 그때가 그리워

내 이름을 불러줘	115
꽃자리	116
그때가 그리워	118
버들피리	120
하루	122
어루쇠	124
회상 1	126
엄마가	128
시간은 20대 세월은 10대	131
그리워도	132
이사 가던 날	134
고부간 대화 1	136
어머니	139
자꾸만	140
엄마 생각	142
2014년 11월 14일, 14:40분	143
겨울이 미워요	144
기쁜 날	146
우리 하나가 된다는 것은	150
우리	152
고향 없어요	154
보고 싶구나	155
손자	156
작품해설 ‖ 강희근/ 본질의 인간이 서는 자리	157

1부 맛있는 가을

한 세상 살면서 세파에 때묻지 않은 사람 어디 있으랴만, 전성재 시인의 글을 보면 싱그런 청포도 같은 순수함이 남아 있어 보인다. 詩가 전해주는 진솔함의 향기가 고향 냄새처럼 구절속에 깊게 배어 있고 가슴을 흔드는 꿈틀거림이 있어서 좋다.

_ 윤인환 시인

내 이름을 불러줘

전성재 시집

담쟁이

한 가닥 한 뼘씩 그리움 커지더니
오늘은 임 생각에 눈물로 한숨 짓네
그 님도 내 맘 같아서 담장마다 덧칠하겠지.

파랑새

진달래 철쭉 필 때면
온 산을 종일 헤집고 다닌다

벚꽃 필 때면 그곳으로 달려가
소리 높여 외쳐도 본다

어디에 있을까

비 온 후 우수수 꽃 잎 떨어지면
미치도록 허무한 맘 가눌 길 없어
종일 맘 졸인다

어디로 갔을까

오늘도 종일 파랑새 찾아
이곳저곳 헤매이고 다닌다

내가 찾는 파랑새는 어디에 있을까

파랑새야
파랑새야.

풍경 소리

울릴 때마다
퍼져가는 업보의 소리

울릴 때마다
사하는 부처의 소리

울릴 때마다
108배 더하면
해탈의 소리

풍경 소리

그대는 세상만사 달래는
깨우침의 소리일 거다.

춘래불사춘 春來不似春

후두 둑,
춘삼월에 웬 날벼락인가

며칠 따사롭더니 비바람에 눈까지
서로 잘났다 밀고 당기는 세상 꼴에
어쩜 그리 날씨마저 닮았을까

날씨나 세상사나 꼴불견 리사이틀에
미물들만 고생이지 뭐

어차피 시간은 흘러 흘러 봄이 올 텐데
순리대로 가고 오는 봄은 봄이 아닌지

춘래불사춘!

춘삼월아 그냥 오거라.

맛있는 가을

그래
이렇게 해보는 거야

맑은 수채화로 덧칠한
하얀 가슴의 그릇에

파아란 가을 하늘에 널린
새하얀 구름 몇 조각 따고서

코끝으로 스치는 설레는 바람 몇 자락
가슴 설레게 두드리는 구절초 몇 잎
알록달록 얼굴 수놓은 코스모스 몇 개
노랗게 물든 내 가슴의 은행 잎 몇 조각
신혼 시절 짜놓은 고소한 참기름 몇 방울 넣고서
살아온 인생만큼 잘 익은 밥 한 공기 더불어
얼기설기 비비고 버무려 고봉으로 한 입 뜨니

아,
이 세상에 없는 맛 눈물 찔끔거린다

후식으로 할머니 사랑만큼 물든
말랑말랑 바알간 조홍 감
두근대며 얼굴 붉히던 홍조 띤 사과 한 입
입가심 하니

그래 이 맛이야
이렇게 먹는 거야
세상에서 제일 행복한
맛있는 가을이다.

가을 소고

매일 눈으로 과식을 하지만
항상 마음은 배고픈 하루

오늘도 가을 속으로 빠져 들지만
아름다움에 갈증을 느끼는 하루

매일 단풍을 만나고
매일 두근거림에 놀라고
매일 행복한 사랑을 느껴도
매일 허기에 지친 내 마음
진정 호수처럼 커져만 가는 공허

가을인가요?

겨울나무

입던 옷 한 겹 두 겹 이제 다 벗을래요
속살을 보여줘도 부끄러울 게 없네요
내 임이 곱다운 옷을 새로 입혀 준대요

자꾸만 떨어지고 또다시 벗겨져도
그대만 변치 않고 내 마음 믿어 주면
당신을 위해서라도 더 이쁘게 입을래요.

아시나요

지금 눈을 감아 보세요

무슨 소리 들리나요
뭐가 보이나요

이제 눈을 뜨세요

무엇을 들었나요
무엇을 보았나요

혹시 잊은 게 없나요

그렇다면
당신은 행복합니다.

향수鄕愁

켜켜이 쌓인 지난 그리움
바람 부는 날 벚꽃 잎처럼
회색 빛 아스팔트를 적시운다

그 중에 하나 부모님 생각
그 중에 하나 어릴 적 추억들

돌아갈 수만 있다면
아리고 멍울진 가슴
후다닥 녹을 텐데

얄밉게도 저 산마루에 걸터앉은
노을 빛 석양은
차곡차곡 그리움만 잉태한 채
눈물짓는 가슴을 달랠 줄 모르네.

고백

부끄러워 내 마음 내 놓을 수 없었어요
쑥스러워 내 눈을 들 수 없었어요

오늘은 말하려 했는데
그만 들키고 말았어요

가슴으로
마음으로
온 몸이 떨리고 어지러워요

입술 타고
온 몸은 땀으로 젖어
몸 둘 바를 모르겠어요

오늘도 한마디
내뱉지 못하고 돌아서는 나

어줍잖은 마음 겸연스런 행동
고개 들지 못할 일이에요

자신에게조차 고백하지 못하는
못난 옹알이
어찌하면 좋을까요.

쭈뼛쭈뼛

왜?

말을 해줘―

세상 걸음

한 마디
한 뼘
한 걸음 씩 걸었다
내 식대로 걷는 걸음
좋은 일 슬픈 일
맞이하는 대로 걸었다

한 마디
한 뼘
한 걸음씩 걷는다
이제야 철이 들려나 하나 둘
의미 있는 걸음 내 딛고 싶다

걸음아
나 가는 대로 걷지 말고
너 또한 따라 걷지 말며
한번 씩 두 번 씩
소곤소곤 이야기 해 주렴.

발

나는 그대가 있어
오늘도 어디론가 가고 있습니다

나는 그대가 있어
오늘도 나를 데려 오고 있습니다

나는 그대가 있어
오늘도 하염없이 쉬어봅니다

나는 그대로 인해
나의 꿈을 펼치고
나는 그대로 인해
나의 마음을 채우고 있습니다

그대여
아프지 마요

그대가 아프면
나의 꿈과 희망은
송두리째 사라져 버립니다

그대가 속상하면
나의 행동과 실천은
복잡하기 그지 없습니다

그대여
아프지 마요

그대여 힘들어 하지 마요.

그리워 한다는 것은

그리움이란 그리워하는 마음이
가슴 속으로부터 우러나오는 것입니다

미워하고 다투는 일상 속 일 들이
어느새 내 맘엔 사랑으로 자리 잡은 것 이지요

그리움이란 나만의 사랑 방정식이자
그대 향한 사랑의 표현입니다

잊으려 해도 잊지 못하는 그대
카푸치노의 커피 잔 속에 녹아드는
둘만의 시간들이
그대 아니면 누구와 만들 수 있을까요

그리움이란 괜한 자존심으로
그대를 멀리하고서 얻어진
혹독한 후회의 징표 이지요

아무 일도 아닌 것들로 다투고 토라지고
소원해 지더니 이제는 잊혀 진 기억처럼
더듬어 봐도 그 흔적 그 추억 재현할 수 없지요

그리움이란 이제는 온전히 되돌릴 수 없는
회한의 아린 상처 이지요

그리워하는 그 얼굴 불러 보고픈 그 이름
잊을 수 없는 그 사람

이제는 내 곁에 올수 없고
내 곁에 있을 수 없는 아련한 그림자 이지요

잊음으로 그대를 놓아주고
용서로 그대를 잊는다 해도

자꾸만 샘솟는 그대 향한 그리움은
사랑의 옹달샘 이랍니다

그대여 그리움이여
나의 모든 것이여.

인생살이

베일에 쌓여있는 알 수 없는 난수표
벗기고 또 벗겨도 자꾸만 솟아나는
그대는 신비주의자 세월에게 물어봐

하루가 일 년 같고 일 년이 하루 같은
문답이 필요 없는 복잡한 세상살이
인생사 저질러 놓고 수습일랑 나중에.

길

세상엔 똑 바른 길 있을까
착각과 꿈을 꾸고 있는 건 아닐까

곧은 길 굽은 길 비포장 길
나는 어떤 길 위에 있는 것일까

세상에 있는 길 그냥 가는 것인지
길을 만들어 가는 것인지

우회전 좌회전 굽은 길 꺾어진 길
큰 길 작은 길 좁은 길 샛길
무수히 널려 있는 길

어느 길 가고 있을까
내가 만든 길 나에게 맞는 길 그 길일까

어느 길이 내 길인지
오늘도 길을 가고 있다.

꽃 중의 꽃

나 그대를 꽃이라 부르니
그대는 나를 들판이라 좋아 한다

이 꽃 저 꽃 많지만
여기 저기 수많은 향기로
들판을 수놓지만
그대는 나에게 꽃 중의 꽃이요

눈이 오나 비가 오나
기쁠 때나 슬플 때나
변함없는 자리에서
뽐내지 않고 설치지 않고
수수하고 은은한 향기로
반세기를 물들인 당신

그대 꽃향기에 취해
오늘도 난 당신 꽃 속을 유영 하리다

나 그대를 꽃 이라 부르니
당신은 나를 들판이라고 좋아라한다.

창조創造

유무有無의 갑론을박甲論乙駁
신信과 의義 더불어
개改를 행行 하니
고苦하지만 이利와 신新오고
낙樂 또한 오니
창조創造는 모두를 살生게 하는
미래未來의 신천지新天地로세

이름

세상엔 다양한 이름
사람 수만큼 많다

지위와 신분이 높은 사람
그저 평범한 소시민

모두가 하나씩
자기 이름을 가지고 있다

이름이 뭐길래,

체면과 명예를 중시하는 사람
부모 형제에게 누가 되지 않는 사람
자식에게 떳떳한 사람

자신의 얼굴에 자신의 이름 석 자에
평생을 걸고 살아가는 사람

그 사람의 이름이
빛나는 자기의 얼굴일까?

2부 뭐가 그리 급한지

오래된 나무를 베어내어 나이테의 결들이 곱게 드러나도록 재제된 목재들처럼 결이 곱고 부드러워 가슴속으로 감겨드는 느낌이며 또한 시인의 시들은 그리움의 표상 이기도 하지요.

_ 고상돈 시인

전성재 시인의 시는 일상에서 놓치기 쉬운 감정들을 섬세하게 표현해 냄으로써 따뜻함과 설렘이 있으며, 때로는 시를 읽는 사람들을 보듬어 주고 바라봐 주기도 한다.

_ 이향숙 시인

내 이름을 불러줘

전성재 시집

아쉬움

세월을 놓칠 건가 시간을 버릴 건가
자꾸만 새살 돋고 신인류 밀려오는데
마음만 안달이구나 노을빛은 아는데.

어쩌지?

그래, 웃을까?
그래, 울어 볼까?

웃음도
울음도
절로 터져야
육신이 풀리고 편안해 질 텐데

염화시중의 미소
호탕한 웃음
괴물 같은 인상
폭포수 같은 눈물

모든 게 절로 절로 풀려야
세상이 돌고 돌아가지

그래, 웃어 볼래?
그래, 울어 볼까?

요즘 세상사 난제다

웃을 수도 울 수도 없는
꽉 막힌 통로
속으로 병들고 속만 타는 세상

바보 온달과 평강공주

1. 바보 온달

한마디로 촌놈이라
볼품까지 어리석고 우둔하고
어눌하기 그지없는
형편없는 시골뜨기

자신에게 주어진 업
전부이자 행복이라 여기며
순박하고 성실하게
땅 일구는 천사

먼 훗날 복덩이 들어
갈고 닦고 고진감래 하더니
근본 바른 성품
큰 별로 반짝 반짝
문무 겸비 용맹스런 대 장수로
일국의 큰 별 되어
길이길이 후세에 회자되는
빛나는 빛이 되도다

2. 평강공주

착한 심성 울보 공주
틈나면 바보에게
시집보낸다는 공갈에
내 낭군 온달 찾아
진정어린 사랑 만들어
금이야 옥이야
일편단심 낭군 품어
문무대인 만들고 출세 시켜
천하호령 일국 대장군 받들며
천생연분 사랑 탑 일구었도다

이런 바보 저런 공주
후세에 길이길이 회자되어
바보 온달 평강공주 깊은 사랑
빛이 나도다 빛이 나도다
그런 사랑 표본 되니 꿈만 같도다.

아날로그

카톡이 운다
카스가 난리다
덤으로 문자까지 성화다

조용하던 마음 언제부터인지
분주하고 번잡스럽다

시대 흐름 따라
뒤늦게 승차한
문명 속 이기의 잔치
편리한 듯 좋다기보다 성가시럽다

구식이 좋은 건지
신식을 싫어하는지

그래도 정감 있는
아날로그 세상이 좋더라

한 장 두 장 책장 넘기며
펜으로 손 글씨 마음 실어 가는 게 좋더라

느리고 투박하지만
하얀 종이 위 다섯 손가락 춤추는
세상이 좋더라.

*쌍지암

깍지 끼고 언약한 양 사랑징표 같더이다

연지곤지 새긴 흔적 찰떡궁합 같더이다

그대는 마르지 않는 극락왕생 감로수.

* 쌍지암 : 충남 예산군 광시면 대리 산 223번지 소재 암자.

돌풍

나 원 참 별일 일세 세상이 무섭구랴

인간사 변해가니 자연도 돌변일세

갈수록 태산이로다 구석구석 말기 암.

산다는 것은

살아가는 것은
살아 내는 것이며
세월을 타는 것이며
시간을 녹이는 것이다

살아간다는 것은
세월을 업고 가는 것이며
시간을 만드는 것이며
삶을 노래하는 것이다

살아간다는 것은
산다는 것이며
시간을 안고 가는 것이며
내가 존재하는 것이다

산다는 것은
숨을 쉬는 것이며
세상을 만드는 것이며
내가 움직이는 것이다

산다는 것은
살아가는 것이며
내일을 즐겁게 맞이하는 것이다.

이제는

늦었다 생각 말게 시작이 반이로세
인생사 후반 세월 깨알같이 지내려면
욕심도 집착도 털고 맘 가는 일 하세나

하지 말게 하지 말게 나 세상 탓 하지 말게나
모두가 내 탓이며 헛 욕심 타령 일세
이제는 내 인생 세워 하나 둘씩 엮어가세.

틈만 나면

잘한다 부추기면 속없이 촐랑대고
잘하겠지 눈 돌리면 맑은 물도 썩혀버리니
언제쯤 자발적으로 세상길을 열려나

조용히 살라치면 저기서 사고치고
하루도 편한 세상 이놈의 팔자런가
갈수록 태산거리만 눈덩이처럼 커진다

저번엔 하늘에서 이번엔 바다에서
피지도 못한 청춘 눈물만 속절 없네
천지가 개벽이로세 정신 줄을 돌려다오.

이제는

하지 말게 하지 말게나 빠른 세월 탓하지 말게나
하루 이틀 부질없는 책망 욕심타령 아니겠는가

정신없는 30대는 몰랐는데 40줄 접어들더니
불현 듯 50 중반 훌쩍 넘어섰네

빠르다 빠르다 하지만 이렇게 빠를 수가 있는가

두터운 건 없지만 뚝심과 성실 하나로
인생살이 집을 지었건만
남은 건 생각보다 빈약한 샐러리 밭일세

지나온 인생 후회한들 자꾸만 허망하고
초라해 지기만 하니
이제 와서 황금 밭을 어찌 일구겠는가

남은 인생 닥쳐올 시간 후회 없이 지내려면
욕심과 집착 털고서

무엇으로 행복과 평온 채울 건지 다독이고
경험과 지혜 벗 삼아 후회 없는 계획 불러

하루 빨리 행복 문 열고서 마중하러 가세나.

허무

오늘도 열심히 푸른색으로
여백을 덧칠해 본다

하루에게 누가 되지 않으려
차곡차곡 내면의 생각들 모아
가장 알찬 색으로 채워
하루의 결실을 맛보려 한다

하지만 아무리 발버둥 쳐 채우려
뜀박질해 보지만
그저 허무의 색깔만 입혀지고 만다

작업 방식을 바꿔야 하나
첨부터 기초를 다시 세워야 하나
자꾸 슬퍼지기만 한다

채워도 채워지지 않는 허기진 작업
그려도 그려지지 않는 색깔

매번 허공을 휘 젓는 듯
채색 되지 않음을 이해 할 수 없다
매번 단순 작업의 연속으로
끝이 남을 이해할 수 없다

화선지를 바꿔 새로운 작업을 해볼까
미지의 공간을 메우고 덧칠해 나가면
새로운 충만감 신선한 만족도
또 다른 완성도가 이루어지지 않을까

오늘도 허기진 시간으로
복잡한 하루를 지낸다.

*오장환을 만나러 회인면을 가다

시는 시인을 만들고 시인들을 만난다
정지용 박두진 서정주 이육사 김광균 이중섭
훗날 당대의 시인들이라 칭한다

사상과 시대정신 속에 생각을 잉태하고
글로 환생되며 낭송되어 지더라
시인은 갔어도 시는 남으며
그를 만나러 사람들의 발길이 잦아든다
하얀 원고지에 나의 생각을 담고
시로 표현하며 수많은 눈길 중에
나의 시를 읊조릴 때
시는 살아가는 것이다

나의 시여—
훗날 그 눈길 중 몇이라도
찾아와 준다면 나의 시도 춤을 출 것이며
기억되지 않겠는가
오늘 따라 나의 생각을 읊조리는
시 꾼이 된 게 참 좋다

오장환 그대의 흔적을 따라가고
짚어본 나의 발걸음이 가볍다
초겨울의 날씨마저 따뜻해서
참 좋다.

* 한문연 문학기행(16. 11. 12~11. 13) : 오장환 시인 생가터와 문학
관을 찾아서

요즘 세상

이렇다 말 하겠소 저렇다 말 하겠소
뱉으면 뱉을수록 여론만 무성하니
모두가 만족할만한 요술 방망이 없나요?

산가면 산속이고 물가면 물속이고
누구나 그 자리면 아무나 못 할 텐데
에 헤라 물고 뜯으면 제 마음이 편할 손가

어떤 게 정답인지 당신은 알고 있소?
모두를 사지 속에 몰지는 안 할 텐데
한 번 더 박수 쳐주고 한 번 더 칭찬하세

갈수록 이 세상이 부정과 통박일세
어디를 손을 대야 내일이 편할 손가
강약도 극약 처방도 마음부터 비우세.

뭐가 그리 급한지

갈 길 멀다고 재촉하고
뭐가 그리도 급한지

겁을 먹은 것인지
조급한 것인지
세월도 덩달아 재촉을 한다

유유자적 돌아보며
쉬어도 보고 들 숨 날 숨 마셔도 보고
리듬도 타면서 가고픈데

하나 둘 할 일도 많은데
하나 둘 할 일이 많은데
자꾸만 성화를 부리네

덩달아 마음만 조급해짐을
어쩌면 좋으랴.

6월의 고란사

졸참나무 길 따라
산새 소리 들으며
고란사 가는 길

아직도 하지는 저만치 있는데
땡볕과 땀방울 맞으며
나도 몰래 3천 궁녀를 그리워한다

화려했던 백제 터 어디가고
몰락한 왕조 더듬어 가는 나그네
지금이 호 시절 아니던가

백마강 달밤은 아니어도
고향 그리듯
찾아온 나그네는
고향땅 밟은 듯 콧잔등 시려온다

고란사 종소리는 백마강 몸 던진
꽃다운 청춘을 불러 오고

낙화암 바람 소리는
사랑하는 3천 궁녀를 부르는
어머님의 애달픈 목소리로다

아련히 들려오는
고란사 목탁소리는
제 발로 찾아든 나그네 가슴을
또 한 번 울리누나.

허무

살아 있다는 건
꼼지락거리는 것이다

움직인다는 건
끄적거린다는 것이다

숨 쉬고 있다는 건
욕망이 있다는 것이다

배고프다는 건
의욕이 있다는 것이다

어찌 보면 인생 참 짧지 않은가
어찌 보면 인생 참 답 없지 않은가

세상에 흔적 남기기보다
부끄럽지 않아야지
조금은 만족해야지

꼼지락거리고
끄적거리고
그러다보면 그게 인생이지 뭐
별게 있단 말인가.

이런 세일

"1차 폭탄 세일"
화들짝 놀랐지만
의미 있는 행사다

파랑, 빨강의 고딕체가
시선을 끌고
세일 품목은 더 압권이다

"자살, 성매매,
국회 의사당, 양극화,
실업, 불황,
고령화, 대선 등"

또 있다
2차 세일은 접수 되는 대로
선착순 실시 예정—

재미있는 것은
광고 하단의
작은 글씨였다

"수거 후 불 태웁니다."

하얀 종이

사막이다
망망대해 끝없는 지평선
열사의 아지랑이 속
던져진 외톨이
어디로 가야할지
어떻게 방향 잡을지
텅 빈 머릿속 무념무상이다

정글이다
한발 짝 두발 짝 내 딛는 영혼
한 줄 두 줄 시목詩木 하고
바람 불면 지우고
비 오면 고목 싹 틔우듯
드디어 시 그림자 줄을 선다

바다이다
절망 속 헤맨 사막
정글로 들어와
그림자 붙들고 씨름 하다

갈증 난 영혼
바다 속 흠뻑 적시니
세상의 단 맛 누가 알리 오

그래도 난
하얀 종이 속으로 빠져드는
고독과 몸부림의 외침
그 순간을 행복으로 즐기리라.

그날은

그날은 또 비가 내렸다
하필이면 멀쑥하게 차려 입은 날
그것도 좀처럼 하지 않던
맘껏 멋 부린 날

매번 종횡무진 쏘다니던 그녀가
웬일인지 그 날 보이질 않았다

십년공부 도로아미타불
오랜 시간 벼르다 그 날 기다렸는데
진종일 비가 내렸다

그 날은 진종일 마음까지 쓰렸다

그 날은 그녀와는 상관없는
나만의 사건이다
두 번 다시 그곳에 가지 않았다

그 날은
그 날은
그렇게 지나갔다.

꽃샘추위

길길이 날뛰고
고래고래 고함치더니

아전인수我田引水라고
시원타 못해
고소하기 짝 없다

한번 채워준 완장
평생 갈듯 설치더니

조용타 못해
이젠 쥐구멍 찾기 바쁘다

불쌍하기도
고소하기도 하지

있을 때 잘하지
어리석기야

애만도 못하니
성질 같아선 그냥 확

같이 놀 수야 없잖은가
꼴도 보기 싫고
신경 쓰고 싶지도 않다

내버려두면
저절로 갈테니ㅡ.

좋은 세상

소리도 없더니만 이렇게 쌓일 수가
하늘은 욕심쟁이 온 방에 솜 펼치고
세상 속 오물 잡 동산 이참에 덮어버리네

눈으로 덮어보려 한다면 매일 할 걸세
언제쯤 좋은 세상 참 진리 오겠는가
하얀 눈 행복 느끼며 그런 세상 살고 싶소.

요즘 감기

스리 살짝 터 잡아
집 짓고 불 밝히더니,

무허가 건물
철거반원 재촉에도
콧방귀로 응수하는

거―참.
이름 값 한 번
톡톡히 하는구나.

사랑이라 말 하겠소

그대는
사랑을 아시요?

난 사랑이라 하니
그게 사랑이구 나 알았소

내가 가진 사랑은
내가 느낀 사랑은
사랑으로도 부족 하오

사랑이라 하니
사랑이라 말 하겠소
달리 표현할 길 모르겠소

그대는 나의 전부요
그대는 내 사랑이요!

3부 다시 만난 영광

열심히 일상의 삶을 살면서 틈틈이 시를 창작하는 문인이다. 생활을 떠나서 시가 있을 수 없고, 생활 속에 시가 있다고 봐야 한다. 전시인은 시작(詩作)과 일상생활의 균형을 적절이 이루며 살아가는 문인이다. 일상생활 속에서 시의 원심력 가운데 자신을 놓아두고, 시를 향유하며 즐기고 있다고나 할까.

_ 류준열 수필가

내 이름을 불러줘

전성재 시집

어쩌면 좋을까

산 넘고
물 건너
다리 건너서
갈 길 갔다네

왜 산 넘었냐고
왜 물 건넜냐고
다그치기만 한다네

쉬었다 가겠노라
한 숨 돌리니
왜 쉬냐고
역정부터 낸다네

무슨 답 있을까
어찌하면 좋을까
첩첩 산중이네.

메르스

뉘신지 모르겠소만
터번을 뒤집어쓰고
몰래 숨어들어
금수강산에 구정물 일구는 게
어인 일인가 말이요

더한 난리도 이겨낸 우리네 아닌가
더 이상 용납은 안 되느니라

온 나라를 들쑤시고
하나 둘 생명마저 앗아가니
정 많은 우리네도
이젠 두고 볼 수 없소이다

가시오
깨끗이 물러서시오
우리네 정신을
흐릴 순 없소이다

두 번 다시 이 땅에
발붙일 수 없소이다

뒤 돌아 보지도 말고
흔적 남기지도 말고
깨끗이 사라지시오.

사랑

이렇게
오늘도
내 마음을 적시고
다녀가네요

아무리 애를 써도
말라비틀어진 맘이
우기도 아닌데
절로 촉촉히 젖어 들어요

계절 따라 찾아오는
대상이 다르기도 하고

만나는 사람마다
감정이 묘하게도
달라지네요

웬일인지
세월 따라

가슴 닿는 종류가
다르기도 해요

있잖아요
물질도 아닌 게
사람을 키우나 봐요
그렇게 잘 자랄 수 없어요

공기도 좋지만
그거 없인
세상살이가
힘들겠어요.

보사노바 *나희경

보사노바,
그녀를 통해 사랑과 정열을 만난다

리오의 해변가
보사노바 여인의 아름다움과
팔짱을 끼고서

뚜뚜루바
뚜뚜루바
밤새워 흥겹게 리오를 물들인다

*까이피리냐 한 잔에
사랑을 마시고
보사노바 리듬에 정열을 태우며
아름다운 리오의 해변과
사랑을 속삭인다

뚜뚜루바
뚜뚜루바

보사노바 그녀와 붉게 물든 해변 속에서
들썩 뜰썩 뜨겁게 입 맞추며
파도 속으로 달려간다.

* 나희경 : 보사노바를 전문적으로 연구 하는 싱어송라이터.
* 까이피리냐 : 브라질 전통 칵테일.

보사노바 리듬에 취해

너무나 아름다워
그녀의 리듬에 취한다

가슴 진하게 요동치는 선율
낯선 그리움에 흠뻑 젖고
내 앞에 서 있는 그녀 모습에
미로를 찾는 내면의 가락

아뿔사,
잠자던 영혼 뒤틀리고
그녀의 고혹적인 미소에
한순간 포로가 되었다

뚜뚜루바 뚜뚜루바
그대의 선율에
덩달아 흔들리는 짜릿한 황홀

두근대는 리듬
그녀는 나의 몽환

리오의 리듬을 타고
오늘도 보사노바 해변으로
그녀를 만나러 간다.

독도여

독도야 잘 있느냐
언제나 묵묵히 서있는 네 모습
든든하기도 하구나

수많은 세월 속 원망도 많았지?
동도와 서도
다정한 형제애
눈물겨워라

외로울 땐 갈매기도
슬플 땐 바다 속 물고기와
벗 되어 지내누나

슬퍼 마라 형제여
우리 국토여
한 핏줄로 자라난
우리 강토 단군의 나라여

보아라, 독도여
찬란한 태양을 가슴에 품고서
희망찬 미래로
내일의 꿈으로

앞으로
앞으로
전진하자

독도여,
대한민국이여
영원하라.

세월이란

지나온 날들 아울러 세월이라 부르니
억겁 속 쌓인 이끼들이
무겁기만 하구나

어제도 오더니
오늘도 내일도 부지런히 오기에

성실함과 부지런함이야
누구와 바꿀소냐

무색무취라 그 정갈함이야
우주 속 최고의 선물이고

그 속에 사계와 오욕칠정이 녹아들어
지구 속 생활을 만들었으니
비로소 인간과 동식물이 노닐고 있다

세월은 만물의 종합판이자
우주 속 신당이리라

시간조차 돌릴 수 없는
절대 불변 불가침이리라

다만 어제를 회상하며 추억 하고
오늘을 즐기며 걸어가는 것이고
내일은 경험치로 예측만 할 뿐

누구도 넘볼 수 없는
우주 속 절대자이리라.

벌써 육십

*"청춘은 너무나 짧고 아름다웠다
잔잔해진 눈으로 뒤돌아보는 청춘은
너무나 짧고 아름다웠다
젊은 날에는 왜 그것이 보이지 않았을까"

앞만 보고 달렸다
열심히 하면 잘하는 줄 알았다
아직도 갈 길이 멀고
하고 싶은 일들 욕심이 많다
아직은 건강하니 더욱 달리고 싶다

4년 전 엄마가 먼 길 가신 이후
자꾸만 보고 싶고 생각 많아진다
육십되는 올 3월 초 장모님마저 먼 길 가시니
더욱 복잡해지는 맘 외롭고 허전하다

벌써 60!
이 나이되면 그런가?

이제 시작인데 놓아야 할 일들 생긴다
버려야 할 것 들도 하나 둘 생긴다

먼 훗날 예쁜 시비에
좋은 작품 아름다운 시 한 편 남기고 싶다
그래도 오늘이 마냥 즐겁다

* 박경리 유고 시집 : " 버리고 갈 것만 남아서 참 홀가분 하다. "
　　　　　　　　　　　　　　　—"산다는 것" 중에서

나혜석 거리를 걷다가

문득 그녀가 보고 싶다
그래,
난 당신을 이해해
세월 간격 넘 멀어
당신 있던 곳 찾아가지 못하지만
명문가 집안 넷째로 자라
총명함으로 신문학 타고 일취월장
여성으로 처음 일본에서 미술 공부에 매진
화가로 활동 하며 문학과 여성 해방론,
신여성 운동 전개
봉건주의와 남존여비사상에 도전도 했다

첫 사랑을 잃고 미친 듯 울며
그 사랑 잊지 못해 문학에 심취 하던 중
춘원도 만났다

결혼 보단 여성과 민족에 관심 두고
여자도 사람이다 여성 인권 향상에

열정 쏟고 문필과 그림 활동에 주력하는
시대의 선각자 문화예술의 선구자

갑자기 그녀가 보고 싶다
많은 얘기를 나누고
예술 사상을 배우고 싶다
예술을 사랑한 천재
외롭고 쓸쓸하게 사라져간 예인 나혜석
그녀가 더욱 보고 싶어진다
그녀는 어떤 생각을 하며
예술을 만들었을까
그녀는 어떤 생각을 하며
쓸쓸히 생을 마감 했을까
그녀가 보고 싶다
나혜석의 예술을 듣고 싶은 오늘이다
언제쯤 그녀와 재미난 예술 이야기를
나눌 수 있을까
그녀를 만나고 싶다.

*뭉크의 절규

기괴한 표정을 한 이는 누구일까

누구나 한번쯤 공포심 경험 있을 텐데
누구나 한번쯤 소스라친 놀람 있을 텐데
누구나 한번쯤 나 아닌 나의 소릴 듣고
절규 해본 적 있을 텐데

진정 내면의 소릴 듣고
화들짝 깨어난 표정일지 모른다

뭉크처럼,
자연을 꿰뚫는 끝없는 이성에
귀를 막고 두려움에 떤 경험 말이다

그는 피를 흘리는 듯
*오슬로의 노을 속에서
기괴한 자연의 괴성을
들었노라 이야기한다

환청 아니 환각, 착란도 아니라 외치는데
그렇다면 놀람도 아닌 또 다른 절규
그 무엇이 자신 속에 존재할지도

제2,제3의 뭉크들이여
그대는 아는가?!

* 뭉크(1863~1944) : 노르웨이의 화가이며 표현주의 의 선구자로 사랑, 죽음, 불안 따위의 주제를 강렬한 색체로 환상적으로 표현한 작풍을 확립.
* 오슬로 : 노르웨이의 수도.

외로움

온통 시끌벅적이다
*행사장 한 켠에선 아이돌 그룹 공연
또 한 켠엔 가족들 흙 높이 쌓기 대회
도자 전시장엔 관람객들로 북적이는데

이곳을 가도
저곳을 가도
군중 속 투명 인간

즐거움을 주고
볼거리를 제공한 게
나의 만족
나의 시끌벅적인가

붐빌수록 공허함과 외로움이 쌓이는 건
세월 탓만은 아니리라

일상은 바쁜데
마음 한 켠 자꾸만 허기져 오는 건

어떻게 해결할까
그것마저 외롭다.

* 행사장 : 2015 제8회 경기 세계 도자 비엔날레 (4. 24~ 5. 31)

모르겠네

그래야 하는지
나도 모르겠소

무슨 일 있었소?

그렇게 까지 할 상황
아닌 듯 싶은데
당신답지 않아 적잖이 당황했소

그런 상황엔 나도 그렇게 했을까?
한 발 비켜서 볼 땐
훈수꾼이 최고라는데

그래도 뭔가 누적된 상황 있을 것이야

조용한 세상 갑자기 천둥 번개 치듯
한바탕 해일이 오고 갔으니

도대체 알 수가 없네

불길에 기름 붓듯
어설피 물어 볼 수도 없고

그래도 그래야 하는지
나도 모르겠소

무슨 일 있었소?
무슨 일이오?!

*벌거벗은 그녀

무겁다
버겁다

어느덧 사랑도 열정도
삶의 궤적 속으로 녹아들어
흔적 없이 사그라든 지 오래다

살기 위해
버티기 위해 뭐든 걸치고
가시 같이 덕지덕지 붙은
거미줄마저 껴 입고서
바둥거려 본다

흔들릴 때마다 파랗게 녹슨
세월의 이끼 까지
누룽지 되어 쌓여만 간다

헤집고 나올 수 없는 현실이라면
그 무게를 새 세상으로 만들 수밖에

이젠 놓으리라
버려 보리라
아웅다웅 매달린 삶의 흔적들을
하나씩 둘씩 던지리라
원래의 모습으로 찾아 가리라
아름답고 순수한 그 날로 돌아가리라

벗고 또 벗고
모든 것 버린 나
팔등신의 어여쁜 조각상으로
다시 태어나리라

하얀 눈 밭 위에
황홀한 나신으로 서고 보니
매혹적인 천사가 따로 없구나

나는 오늘
그녀 이름을 천사라 부르련다.

* 벌거 벗은 그녀 : 경기 광주 곤지암 도자공원 내 경기도자박물관 옆 공원에 세워진 20001년도 설치된 김병하 작가의 청동으로 제작된 "보다"라는 조형작품.

요즘 세상 2

나만 이라도 중심을 잡자
나만 이라도 기본을 세우자

혼돈과 통박속의 아수라장인 세상
질서도 어른도 없는 세상
자기만 옳고 남 탓만 무성한 요지경 세상
눈치껏 줄다리기만 하면 되는 세상
그것이 요즘 세상

오호, 통제라

기본을 지키자
양심을 세우자
우리 세상 위해
후손들 살아갈 세상 위해
행복한 삶 위해
중심을 잡자.

요즘 세상 3

어안이 벙벙한 세상
상식을 초월한 별난 세상
할 말을 잊게 하는 세상
병들고 죽어 가는 세상
요즘 세상 그런 세상.

세월

또 가네 하루 같은 일 년이 가버렸네
청마가 달려오니 올해도 빠르려나
정신 줄 놓지 말게나 죽은 후에 볼 건가

엊그제 청춘 세월 시간도 건너 뛰나
불혹도 왔었는지 기억도 삼삼하네
이제는 붙잡아야지 세월을 놓지 말게나.

무궁화 1

겉으로는 멀쩡한
자세히 들여다보면
구석구석 침입자들 문전성시

꿋꿋하기야
송죽에 비하랴
사르르 배 아파 낳은
오각형 꽃 무릇
은근과 끈기 푸근하기야
엄마 품인 양 끝 없어라

외풍에 시달려도
세파에 찌들려도
꿋꿋하게 품어 내는
외 사랑 화花

일편단심 그대 향한
무한한 정조
외세에 굴하지 않는 절개

끝없는 사랑
무궁화로다.

무궁화 2

너를 알기 까지
오랜 시간 걸리지 않았다
인고의 시간 속에서도
푸근한 인품
화사한 웃음
누구든 매력에 빠지지 않을 수 없다

기대고 달려들어 짜증 부려도
항상 그 자리 그대로
풍겨 오는 넉넉함
사랑은 이런 것이리

실천으로 깨우쳐주는 큰 얼굴
보름달 같은 웃음으로
세상 밝히는 큰 사랑

무궁화
무궁화

내 나라 꽃 무궁화
일편단심 외 사랑 그대여.

다시 만난 영랑

영랑을 만나고 시를 만난 게 아니다
소중한 나의 집을 짓다 영랑과 소월을 만났고
서정의 본심 하나를 알았으며
아름다운 시심의 깊이를 더 찾게 되었다

꾸미고 만들어가던 나의 공간이
서정의 어설픈 몸부림이라는 걸
하나씩 알게 되었다

영랑의 아름다운 집을 보노라면
밤 새 시간 가는 줄 모르고 음미하게 되며
세세히 들여다보니
큰 방 건너 방 사랑채가 아름답게 꾸며져
곱씹을수록 다양한 향기로 우러난다

시인의 생가에 서서 모란을 보니
역사와 시대적 환경,

문우들의 교류를 생각하게 되고
시 작업의 탄생과 시인의 사상을
한 번 더 되새겨 본다

시인은 만들어지기도 하지만
태어난다고 본다

그래서 나는 시인을 좋아한다

그래서 영랑의 작품을 자주 만난다

오늘 영랑의 생가를 찾아
짧지만 하나 되어
많은 대화를 나누고 있다.

*RED SUMMER NIGHT

고흐, 고갱아 물렀거라

RED SUMMER NIGHT
우리들의 별밤 이야기 잔치

소곤소곤
다정다정
도자 장신구 쟁이들이 떴다

동백꽃보다 뜨거운
아름다운 열정
가슴으로 느끼며

곤지암 도자공원
모자이크 정원에서
특별한 추억 아름다운 인연
RED WINE 속으로
녹아 나리라

친구들이여!

오늘 이 밤
곤지곤지
붉은 입술 닿도록
뜨거운 가슴 활짝 열고
붉은 노을 새기며
인연을 노래합시다.

* RED SUMMER NIGHT : 광주 곤지암도자공원에서 도예가와 공예작가들 모여 드레스 코드는 "RED"로 관람객과 예술 공연을 펼침.

헐 ㅠㅠ

내리막 길 없는 고봉의 등산 길
숨이 턱까지 차오며
입술마저 말랐다

내려가면 걸쭉하게
한 판 벌리자더니
백일도 안 되어
맘 변했나

이 산 저 산 헤매며
자꾸 오르기만 하더니
무릎 관절 고장나고
나뭇가지 스친
쓰라린 눈동자도
침침한 게 끝내
앞이 가물거린다.

4부 그때가 그리워

사소한 트릭 마져도 배제한 순수가 자라는 마음의 정원이며 그가 안고온 새들의 목소리는 안온하기 까지 합니다.

_ 안성원 시인

그의 시를 펼치면 고향이 말을 걸어온다. 어린 날의 내가 웃어 준다. 때묻지 않은 시인의 정서가 환하게 웃어 주며 잘 살았다고 토닥토닥 격려해주는 시어가 귓가에 속삭인다. 그의 시는 고향이고 어머니이다.

_ 이경란 시인

내 이름을 불러줘

전성재 시집

내 이름을 불러줘

어느 날부터
이름이 숨어 버렸다

남자는 사회적인 직책, 직급이 따라 붙고
여자는 누구 엄마, 누구 남편이라는 수식어가
훈장처럼 붙어 다닌다

어디에 숨었을까?
어디로 갔을까?
불러 주는 사람 없을까?
어릴 때처럼 시원하게 불리워질 순 없을까?

영이야,
철이야,

내 이름을 불러 줘!

꽃자리

그대의 자리가 눈부셔
나는 사랑이라 부르렵니다

그대의 자리가 아름다워
나는 그리움이라 새기겠습니다

산수유 목련 벚꽃 개나리 철쭉
화사한 계절의 아름다움과
위대함에 전율을 느낍니다
황홀함에 도취되어 잠 못 들어 합니다

꽃이여,
그대는 꽃 보다 아름답습니다

어디에 머물던 그대 자리는
꽃보다 우아합니다

어디에 머물던 그대 모습은
꽃 중의 꽃입니다

꽃자리 그대의 자리
그대는 꽃보다 꽃입니다.

그때가 그리워

세상에 그립지 않은 게 어디 있나요
시간 지날수록
세월 흐를수록
한 겹 두 겹 인생의 나이테 늘수록
애잔한 그리움 하나 둘 물밀 듯 밀려온다

어릴 적 자라던 동네
함께 뛰놀던 동무
깔깔대며 즐기던 놀이
먹던 음식 주변 환경 동네 어른 일가친척
모든 게 변하고 사라졌지만

선명하게 떠오르기만 하는 그 모습 모습들
어디에서 재현 할 수 있을까?

젊음은 꿈을 먹고 살고
어른은 추억을 먹고 산다는 말이
불현 듯 되새겨 진다

지금보다 풍족하진 않지만
그래도 그때가 좋은 듯싶다

먹고 자고 놀고
먹고 자고 즐기고
그곳으로 가고 싶은
내 인생의 어릴 적 고향
그것만이 내 세상

그때가 그립다!

버들피리

삐 리 삐 리
귓가에 버들피리 소리 들린 다

김천시 모암동 여고 뒤 양어장
물가에 흐드러지게 늘어진 수양버들 꺾어
손 톱 으로 밀고
뾰족한 돌부리로 밀어 입술 만나면

굵은 듯 가는 듯
피 리 피 리, 삐 리 삐 리
테너랑 소프라노 합창을 한 다

노 저어 보트 타던 호수 같은 양어장
버들피리 합창 하고 수양버들 춤추던 곳

어릴 적 뒹굴던 유일한 놀이 공원
지금은 잊혀 진 양어장
그때 불던 버들피리는
내 마음에 남아

오늘도 삐 리 삐 리
노래를 한다.

하루

그대여 하루는 어떠셨나요

내 생의 하루가 또 그렇게
속절없이 무너지네요

새 날을 맞이하고 보낸다는 건
내 생의 하루가 소멸 된다는 것이지요

무언가에 쫓기 듯 일상 속에서 바쁘게
하루를 허덕였지요
만족한 하루가 항상 아쉽고 허기져 오지요
매일 맞이하는 하루의 끝을
공허와 목마름으로 돌아다보지요

어떻게 하루를 맞이하고 보내야 하는지요
오늘 하루가 또 오고 지나갑니다

하루여—
그대는 나를 위해
어떤 열매를 주시렵니까

나는 그대를 위해
어떤 희망을 준비 할까요

내 생의 하루가
하염없이 흘러갑니다
안타까운 오늘이
소리 없이 내일에게 인계 됩니다

하루여—
내일의 오늘이여
그대는 어제의 오늘 보다
더 예쁘기를 바랍니다.

어루쇠

녹록치 않는 인생살이
푸념과 한숨 범벅이지만
한나절 두 나절 한 꺼풀씩
닦고 털고 문질러 본다
호호 불어도 보고
온 힘을 기울여 마음의 때까지
털고 닦아도 본다

아이야
초롱초롱한 눈망울
배시시 웃는 해 맑은 홍안
그저 부럽기만 하단다

어느새 덕지덕지 인생의 이끼가
이리도 내려 앉았더냐
하 세월 부딪히며 생긴 세월의 옹이
저 마다 살아 내며 쌓인 얼음덩이를
언제쯤 환하게 들여다보며
산뜻한 자신을 볼 수 있을까

언제쯤 해 맑게 눈웃음 짓는
나를 볼 수 있을까

부끄럽고 또 부끄럽다
닦고 또 닦고 광택이 나면
거울아 그때는
너도 나를 보아 주겠니?

* 어루쇠 : 구리 따위의 쇠붙이를 갈고 닦아서 만든 거울.

회상 1
– 10대 후 ~ 20대 초

첫 눈 오는 오늘
아름다운 그때 그 시절 생각난다

마이 하우스, 팽고 팽고 , 팽대 팽대
명동
덕수궁
남산
허리우드 극장
김천 찬물 집(막걸리)
화계사
동숭동, 명륜동, 옥수동
혜화동 로터리
YMCA
광화문
성북동, 장위동
경복궁
제 1 한강교
미아리 고개
을지로 6가

84번 버스, 37번 버스, 명동, 종로
미도파 백화점, 화신 백화점
반포, 화곡동
신사동 사거리, 도산 공원
한남동, 영등포 시장
안양 딸기 밭
돈암동, 흑석동

그립다 그리워 그때 그 모습들!

엄마가

*많이 편찮으시다
그것도 반갑잖은 큰 병 찾아왔다

곱디고운 청춘 불살라 자양분 만들어
시 어머니, 시 조카들, 당신 오남매 끼고서
선생 박봉에 대 식구 건사 수 십 년
진자리 마른자리 좁은 터전
당신 손 마를 날 없어라

시래기 국, 갱 시기 국 지금은 별미거늘
대 식구 곡기 거들자면 그것도 진수성찬
그땐 왜 그리 배고픈 지 군것질도 없더라

지게지고 양동이 물 길러 큰 장독 채우면
부자 된 듯 온 집안 푸근하다

가냘픈 몸매 배우 같은 용모 어디 가고
여장부로 되살아나 대 식구 엄마만 쳐다본다

텅 빈 곳간에 때는 왜 그리 자주 오는지
식솔들 배꼽시계는 아우성 천국

한번 도 거른 적 없는 엄마는 요술쟁이
허리 한번 못 펴고 당신 입 거미줄 쳐도
엄마는 그런 줄 알았다

젊음을 녹이고 중년은 불사르고
식솔들 돌보며 오남매 보듬느라
당신 몸 어디 갔는지 강철도 녹았으리라

이제는 허리 펴 당신 입 맛 찾으려니
아뿔싸 이게 웬 말인가 하늘도 무심하지

별을 딸 까요
달을 딸 까요

이제는 새끼들이 할 텐데
병도 무심하지 병원도 한심하지

최신 의술도 손을 놓다니
자식 몸 불살라 보양 된다면
무슨 답이라도 부르고 싶어라.

* 많이 편찮으시다 : 2014. 5. 20. (화) 대구 방문.

시간은 20대 세월은 10대

너무나 빠른 세월 천방지축이다
눈 돌리면 벌써 과거다
두 눈 쫑긋 아침 해 맞았는데 어느새 해질 녘
하루가 여삼추 잊은 지 옛 말
빨라도 너무 빠르다

허겁지겁 도망가는 모습 어제 오늘 일 아니며
세대 따른 속도 도 옛 말
세월 빠른지 내 맘 급한지 몹시 수상하다

눈 돌릴 겨를 없는 찰나의 순간
그래도 일모삼작 하며 리듬을 타보자

마음만 허둥지둥
하루 결산은 텅빈 속 강정
갈수록 마음의 빚만 늘어난다

시간은 20대 세월은 10대
나는 어디로 가야 하나.

그리워도

그리움 빗물처럼 쏟아진다
그리움 파도처럼 밀려온다
그리움 벚꽃처럼 흩날린다

이젠 보고 만질 수 없는
보고 싶다는 말 한마디 하지 못하는
슬픔과 회한

2018년 3월 6일 오후 3시 10분
장모님 먼 길 떠나신 지 벌써 달포
온화한 미소 푸근한 음성
"아이구 야야 왔나,
전 서방 왔는가!"

가까이 있는 막내 딸 막내 사위를
참 이뻐해 주셨는데
편찮으실 때도 예전처럼
집에 오고 싶어 하셨는데

"나 좀 데려 가게"
지금도 귓전에 맴도는
장모님 말씀 눈물이 난다

이젠 가슴으로만
그리워하고 만나야 하는 장모님
장미와 벚꽃을
유난히 좋아하셨던 장모님

오늘도 그리움에 벚꽃이 소나기처럼
쏟아져 내린다

어무이,
보고 싶습니다.

*이사 가던 날

며칠째 불타던 날씨
흐리고 간간이 비가 온다

50여년 풍상을 같이한 요람
할머니, 아버지, 어머니 계셨던
고향 집

오형제가 자라난 삶 터
경북 김천시 남산동 34-1
그 집이 아파트로 이사를 간다

고향도 이사를 간다
쓰리고 먹먹한 가슴도
눈물도 이사를 간다

자꾸만 멀어지는 마음
그 고향 어디서 만날까
그 모습 어디서 그려 볼까

2014년 11월 14일
어머니 가신지 어언 7개월 여
뭐가 그리 급한지
고향 집도 덩달아
어머니 곁으로 가셨다

희노애락 담금질 했던
그 시절도 이젠 가셨다

고아 아닌 고아로 남아
이젠 고향을 그리워해야만 하는가
아픈 마음 먹먹한 가슴 만지작거리며
그 집, 그 방, 잔디 밭 마당, 수돗가
그 모습 그대로 그릴 뿐이다

나를 키운 고향 집
어디서 다시 만날까
고향 집 그리며 눈물만 삼킨다.

* 이사 가던 날 : 2015. 6. 30.

고부간 대화 1

햇빛 양양한 베란다 창가
며느리와 둘이 앉아 나누는 대화

"어머니 바깥 경치 좀 보세요!
가을이 넘 아름다워요."

"그래, 참 곱다
비가 왔나?
고운 낙엽 들이 하나 둘 떨어지는 구나
인생은 되돌릴 수 없나?"

"마음으로 되돌리면 되지요!"

"어머니 보세요!"
핸드폰 속 사진을 보여 드린다
"생각 나세요?
작년 두 분이서 온천 가서서 찍은
사진이에요!"

"벌써 세월이 이렇게 흘렀구나
그때만 해도 건강 했는데
그래, 사돈 키도 크시고 인물도 좋았는데
살이 쏙 빠졌구나"

"어머니 고개 좀 들어 단풍 좀 보세요
가을이 넘 아름다워요"

"그래 , 참 곱다"

"어머니 점심 뭐 드시겠어요?
색다르게 자장면이나 우동 드시겠어요?"

"그래, 그러자 !
밥도 있지?
애들이 배고프겠다
바람이 차구나 들어가자 그만
나 좀 누울란다"

며느리와 나누는 대화의 뒷모습에
가슴 한켠 울컥 뜨거움이 밀려온다

"너희들 올라가야지?
어여 밥 먹고 준비해라
비 오는데 운전 조심하고
건강해야 한다
건강해라
아이구 야들아
내가 왜 이카는지 모르겠다!
빨리 나아야 할텐데"

엄마 손 잡고 부추겨 침실로 모시며
안타까운 마음
아픈 속내 어찌 할 줄 몰라
속울음만 삼켰다

어머니

그리운 이름이여
내 영혼이여
이젠 가슴으로만 맴도는 눈물이여

모든 육신 바쳐 자식 거두는 사랑
이젠 눈물로 엄마를 찾아보지만
그 자리엔 싸한 회한만이 그림자처럼 맴돌아
아린 가슴 부여잡고
눈물만 삼킨다.

자꾸만

보고 싶어요
자꾸만 생각이 납니다
인자한 그 모습
빙그레 미소 짓던 표정
포근하고 부드럽던 손
자꾸만 그리워집니다

마지막 가시던 날
(2014. 11. 14.)
만져본 얼굴, 손
그 느낌마저 그립 습니다

어디로 가셨나요
어디에 계시나요
천리라도 만리라도
한 걸음에 달려가
한번 이라도 보고 싶어요

"엄마" 한번 이라도 불러 봤으면
"응!, 왜? 한번 이라도
그 목소리 들어 봤으면

엄마!
응ㅡ, 왜?

엄마 생각

(먼 길 떠나신지 일 년 반,)

바알 간 찔레 꽃 향기
갈수록 눈물로 뿌린다.

2014년 11월 14일, 14:40분
- 음, 윤, 9월 22일

가셨네 울 어머니 먼 길을 떠나셨네
83해 이승에서 오 남매 기르시고
아미타 부처님 전 에 비단 길로 가셨네

가셨네 울 어머니 저승 길 밟으셨네
오 남매 걱정 말고 이승 길 잊으시고
이제는 극락왕생 길 비단 길로 가소서

가셨네 울 어머니 새 세상 안기셨네
아버지 만나시고 조상님 찾아뵙고
자식들 자랑 하시고 극락왕생 하소서.

겨울이 미워요

좋아 했던 겨울
2014년 11월 14일부터 미워지기 시작했다

너무도 사랑했던
너무나 존경했던 그녀가
내 곁을 떠나던 날이다

미치도록 슬프지만
두 번 다시 볼 수 없지만
그 날은 봄처럼 따스했고
그녀처럼 온화했다

차갑다
매섭다
4년마다 돌아오는 윤달
잘 조련된 준마처럼
순식간에 그녀를 태우고
다른 시간 속으로
재빠르게 사라졌다

아우성 치고
몸부림 쳐도
이젠 듣지도 볼 수도 없는 곳으로
그녀를 태우고 갔다

11월 14일 그 날로 다시는 돌아갈 수 없는가?
볼 수도 만질 수도 부를 수도 없다

겨울이 밉다
너무도 야속하다
오늘도 매서운 칼바람이
아픈 상처를 덧나게 하더니
이젠 하얀 눈까지 내려
골 깊은 맘을 덮으려 한다

겨울,
그래서 밉고 더 미워진다

*기쁜 날

수많은 만남 속
두 사람 인연 되어
하나 되는 오늘
진정 귀하고 귀한 소중한 날
평생 잊지 말자 다짐하며
기억해야 하는 날

아들아—
부모는 네가 태어난 날 기억 한단다
아들로 점지 된 인연 눈물겹도록
고맙고 고맙다

성장 하며 한 점 말썽 없는 네 모습
너무나 대견스럽구나
부모는 못해준 일들만 생각나는 구나
본받을 일들만 보고 배웠기를—

이젠 네 세상 행복한 보금자릴
활짝 펼쳐 나가거라

가정과 사회 이 나라에 꼭 필요한
존경 받는 어른이 되거라

너에게 꼭 맞는 배필 아름다운 인연 만나
새 둥지 열었으니 원 없는 네 세상
맘껏 일구어 보거라

끝없는 수신제가로 먼 훗날
둘이서 손잡고 크게 웃는
행복한 날 맞이하거라

새 아가야—
수많은 인연 속 아들과 배필 되어진 인연
얼마나 기쁜지 새 아가도 진정
어른이 되면 알 것이다

힘들고 슬플 때 행복한 오늘을 되새기며
아름답게 살아 가거라

곱디고운 신부 새 아가야
새 식구로 맞이하는 첫 날
곱게 키워 오늘을 있게 해주신
부모님께 너무나 감사드린다

새아가야 인생을 살아가면서
좋은 날도 많지만
힘들고 어려운 날 또한 많으리라 본다
항상 현명하고 지혜롭게 헤쳐 나가거라
그래도 힘들 땐 새아가 옆엔
응원해줄 부모님들 계시다는 것을 잊지 마라

아름다운 모습 행복한 가정 일구어
가족과 친지 이 나라에 실로 모범되는
알차고 멋진 구성원이 되길 기원 한단다

아들아, 새아가야—
오늘 이 시간
너무나 기쁘고 행복한 날이구나

두 사람 한 마음 한 뜻
일편단심 민들레 되어
인생 다하는 그날 까지
알차고 행복한 모범 가정되길
부모님들은 기원 한단다

아들아, 새아가야—
기쁘고 고맙고
많이 사랑한다.

* 기쁜 날 : 외아들 전경훈(신부 김예나 양) 결혼식(2015년 10월 9일, 금)에 부쳐.

*우리 하나가 된다는 것은

우리 하나 된다는 것은
새 세상을 여는 것이다
부족한 서로가 큰 열매로 무르익어
성숙한 사회 구성원으로 책임 다하며
공헌 하겠다고 하나님께 선포하는 것이다

우리 하나 된다는 것은 서로를 사랑 하는 것이다
기쁘고 슬플 때나
모난 돌부리에 부딪혀 넘어질 때도
사랑 하는 마음과 따뜻한 가슴으로
품어 주는 것이다

우리 하나 된다는 것은
서로 믿어 주고 신뢰 하는 것이다
살아가는 동안 부족한 언행과 습관 있어도
서로 고쳐 주고 지켜 주며 내 사랑이라
믿어 주는 것이다

우리 하나가 되는 오늘은
나를 만들어 준 사랑 하는 모든 이에게
우리 세상을 만들어 간다고 선언 하는 날이며
우리 하나가 끝나는 날 까지 서로 책임지며
영원히 함께 하자는 지엄한 약속의 날인 것이다

우리 하나가 된다는 것은
사랑이며,
믿음이며,
신뢰이며,
세상에 천명한 약속인 것이다.

* 우리 하나가 된다는 것은 : 조카 이승미(신랑 정태원 군) 결혼식
 (2013. 12. 14. 토, 12시)에 부쳐.

*우리

당신 편이 되어 줄게

나는 당신 편
당신은 내 편

서로 힘들 때,
슬플 때, 괴로울 때
세상에 단 한 사람
사랑 하는 당신 편 되어 줄게

억겁의 세월 지나
우리 하나 된 오늘

행복의 그네 타고서
사랑이란 시간 속으로 달려

나는 당신의 실루엣
당신은 나의 그림자로
영원히 하나 되어

3천년에 한번 피는 꽃처럼
당신의 우담바라가 되어 줄게

사랑 하는 당신

어제도 오늘 있었고
내일도 오늘 있으매

항상 오늘 같은
행복한 날 새기며
사랑 탑 만들어가요

사랑합니다 당신!

* 우리 : 조카 이 경우 군(신부 방 현주 양) 결혼식(2014. 8. 24. 일)
  에 부쳐.

고향 없어요

당신 가시고
갈 일 없어졌어요

혹여 갈 일 있어도
그 넓은 고향 땅
잠간이라도 엉덩이 붙일 곳 없네요

엄마 안 계시는 빈 공간
이리도 넓을 줄 미처 몰랐어요

엄마,
고향은 있는데
고향이 없네요.

보고 싶구나
― 생전 엄마께서 자주 말씀 하시던 얘기

야 야 많이 바쁘나!
날 풀리면
언제 한번 다녀가거라

손자
— 생전 엄마께서 손자 보고플 때 하시던 말씀

훈이 많이 컷제!

애 데리고
한 번 왔다 가거라.

| 작품해설 |

본질의 인간이 서는 자리
— 전성재 세번째 시집 『내 이름을 불러 줘』 읽기

시인 강 희 근
현 한국문인협회 부이사장,
국립경상대학교 국어국문학과 명예교수

1.
　전성재 시인의 3시집의 표제시 〈내 이름을 불러 줘〉는 통렬한 자기 확인의 시다. '내 이름' 곧 나의 본질, 본 모습을 보고 불러 달라고 말한다. 사회는 사회적 직함이나 명예스런 덧씌우기를 요청하지만 시인은 그 덧씌우기 이름이 아니라 본래의 자아로 그 순수로 호명해 달라는 것이다.

　　어느 날부터
　　이름이 숨어버렸다

　　남자는 사회적인 직책, 직급이 따라 붙고
　　여자는 누구 엄마, 누구 남편이라는 수식어가
　　훈장처럼 붙어 다닌다

어디에 숨었을까?
어디로 갔을까
불러 주는 사람 없을까?
어릴 때처럼 시원하게 불리워질 순 없을까?

영이야,
철이야,

내 이름을 불러 줘!
　　　　　　　　ー「내 이름을 불러 줘」 전문

　어린 시절 그 순수로 불리워지던 내 이름은 어디로 간 것일까? 이름이 직함에 묻히고 배우자의 지위에 눌려버리는 시세는 인간을 인간으로 대하는 것이 아니라 허세나 명예로 대하는 것임을 알 수 있다. 김춘수는 〈꽃〉에서 "내가 그의 이름을 불러 주기 전에는/ 그는 다만 하나의 몸짓에 지나지 않았다"고 하여 불러줌의 절대성을 말하고 있다. 그런 절대성이 허욕이나 명예나 비본질에 가리워진다는 것은 참을 수 없는 일이 아닐 수 없다. 전성재 시인은 그냥 유년의 순수와 자연 자체의 이름이 때묻지 않은 이름임을 말해 준다. 사회의 관계망 속에서 관계에 힘을 주는 이름 부르기는 몸짓에 던지는 이름이 아니라 몸짓 밖의 옷걸치기를 강요하는 것이다.

　그 많은 사장, 그 많은 교수, 그 많은 시인과 의원들! 규명되지 않은 덤핑 사회가 오늘의 현주소이다. 그와 반대로 시인 문정희는 "그 많은 여학생들은 다 어디로 간 것일까?"하고 여학교 시절의 화려했던 재능의 친구들이 익명의 인간으로 숨어들어간 것에 대해 이름 그 자체로 불러내고 있다. 그렇다 지금도 우리 주변에는 익명으로 편입되어가는 인간들의 군상들에 대해 호명하는 순수가 남아 있는가? 아니 어디서 그 호명은 시작되는 것일까? 전시인은 이를 두 눈 부릅뜨고 바라보고 있다.

2.
본래 그대로의 이름이 부끄럽지 않은 이름이다. 시인에게는 첫째로 '세월'이 그 이름을 덧칠하고 있다고 생각한다. 세월은 허망하고 후회가 앞서게 하는 것이니, 그를 털어버리는 것이 본 이름에 가까이 가는 것이 되리라는 지향이다.

> 하지 말게 하지 말게나 빠른 세월 탓하지 말게나
> 하루 이틀 부질없는 책망 욕심타령 아니겠는가
>
> 정신없는 30대는 몰랐는데 40줄 접어들더니
> 불현 듯 50 중반 훌쩍 넘어섰네
>
> 빠르다 빠르다 하지만 이렇게 빠를 수가 있는가
>
> 두려운 건 없지만 뚝심과 성실 하나로
> 인생살이 집을 지었건만
> 남은 건 생각보다 빈약한 샐러리 밭일세
> ―「이제는」 부분

세월을 탓하다가 남은 건 빈약한 샐러리밭이라고 하지 않는가. 후회나 허망함이 빈약한 샐러리밭이니 욕심과 집착을 버리는 수밖에 없다는 자각이 화자의 현주소이다. 이 세상의 모든 종교가 가는 길이 비우는 길이고 집착에서 벗어나는 길이다. 세월은 어쩔수 없이 그 길로 가는 길의 시행착오라 한다면 지금 이 자리, 이 순간이 그 길로의 전환일 것이다. 시인은 '이제는'이라는 제목으로 다짐의 의미를 강조한다. 비록 또다시 이제라고 말하는 시기가 오더라도 일단은 '이제는'이 되어야한다. 시인은 〈산다는 것은〉에서 "숨은 쉬는 것이며/ 세상을 만드는 것이며/ 내가 움직이는 것이다" 세상을 만들고 내가 움직이는 것이 빈약한 샐러리밭을 갈아엎는 것이 되리라.

3.
전성재 시인은 외롭고 그립고 그래서 그 자리 꽃자리를 탐하며 산다. 그 꽃 자리가 본래의 이름이 불려지는 곳이 아닌가.

> 온통 시끌벅적이다
> 행사장 한 켠에선 아이들 그룹 공연
> 또 한 켠엔 가족들 흙높이 쌓기 대회
> 도자 전시장엔 관람객들로 북적이는데
>
> 이곳을 가도

저곳을 가도
군중 속 투명인간

즐거움을 주고
불거리를 제공한 게
나의 만족
나의 시끌벅적인가

붐빌수록 공허함과 외로움이 쌓이는 건
세월 탓만은 아니리라

일상은 바쁜데
마음 한 켠 자꾸만 허기져 오는 건
어떻게 해결할까
그것마저 외롭다

—「외로움」 전문

  시인은 세계도자 비엔날레를 주도하는 행사 중에 외로움을 느낀다는 내용을 피력하고 있다. 아이돌 그룹공연이 있고 가족대항 흙 쌓기 대회가 진행되고, 도자전시장 관람객들이 북적거리고 이곳 저곳이 사람으로 붐비는 데도 공허와 외로움이 깃들여진다는 것이다. 군중 속의 고독, 절대고독, 견고한 고독이라는 제목의 시를 썼던 김현승 시인을 생각하게 하는 시다. 어찌해도 인간의 고독은 잠시라도 지울 수가 없다는 실존적 상황을 제시하고 있는 시다. 도자기는 고열로 빚은 흙의 산물이다. 그 결정체처럼 외로움도 견고하여 인간이 살아가는 일상에서 추방하고 싶어도 추방되지 않는 것이 적

적함이고 외로움이고 쓸쓸함이다. 전시인은 그 정황을 꿰뚫어 보면서 화려한 이름의 비엔날레에서 오히려 단순한 인간의 본질을 호명하고 있다. 인간이 만드는 행사가 세계적인들 호화로움이든 그것과 무관하게 인간의 이름은 길섶 풀꽃같이 다소곳한 것이다.

전시인은 때로는 시조를 창작하여 전통 장르를 통해 그리움을 표현한다.

> 한 가닥 한 뼘씩 그리움 커지더니
> 오늘은 임 생각에 눈물로 한숨 짓네
> 그 님도 내 맘 같아서 담장마다 덧칠하겠지
> ―「담쟁이」 전문

그리움으로 덧칠하는 담쟁이의 모습이다. 단순하고 소박한 형식에 그리움이라는 본질을 드러내는 것이 알맞은 어울림이다. 인간의 정서에서 그리움은 첫째마당이다. 그리움에서 발하는 에너지가 삶의 원형이고 본질에 속한다. 전시인은 시조를 통해 시가의 원형에다 정서의 원형을 덧칠하고 있는데 이는 자연스런 것으로 드러난다. '담장마다 덧칠하는'것이 시조의 눈이 된다. 이 부분이 없다면 물에다 물을 타는 것에 다름이 아닐 것이다.

전 시인의 그리움은 어느새 〈바보 온달과 평강공주〉의 관계에 이른다. 본질의 이름을 호명하는 경우 그것은 바보의 자리와 헌신의 자리가 만나는 지점일 터이다.

> 1. 바보온달
> 한마디로 촌놈이라
> 볼품까지 어리석고 우둔하고
> 어눌하기 그지없는
> 형편없는 시골뜨기
>
> 자신에게 주어진 업
> 전부이자 행복이라 여기며
> 순박하고 성실하게
> 땅 일구는 천사
>
> (줄임)
>
> 2. 평강공주
> 착한 심성 울보 공주
> 틈나면 바보에게
> 시집보낸다는 공갈에
> 내 낭군 온달 찾아
> 진정어린 사랑 만들어
> 금이야 옥이야
> 일편단심 낭군 품어
> 문무대인 만들고 출세 시켜
> ─「바보 온달과 평강공주」에서

이 작품의 바보는 모자라는 사람인 듯 보이지만 바보로 사는 것이 지혜로 사는 것임을 보여주는 캐릭터다. 공주는 지혜로 바보를 안아서 보통 이상으로 올려세우는 캐릭터다. 바보의 짝이 바보가 아님을 일깨워준다. 전시인은 그 두 사람 캐릭터 가운데 지점이 그리움이 닿는 자리요 본질의 인간이 서는 자리임을, 그래서 그쪽으로 서 있는 자의 이름을 호명한다. 사랑이 세상을 채우는 것일 때 이런 사랑이 채워져야 결핍이 다시는 메마르지 않을 것이다.

4.
전성재 시인은 끊임없이 본래의 이름을 부르면서도 이름 바깥에 존재하는 선구자들의 이름에 선망의 적을 표한다. 그 이름들을 호명하는 가운데 자기 이름의 결핍을 보충하고자 하는 의지를 지닌다. 김영랑 시인, 오장환 시인, 나혜석 화가, 뭉크 화가 등이 선배 예술인이다.

> 1)시인의 생가에 서서 모란을 보니
> 역사와 시대적 환경,
> 문우들의 교류를 생각하게 되고
> 시 작업의 탄생과 시인의 사상을
> 한 번 더 되새겨 본다
> ―「다시 만난 영랑」에서

> 2)오장환 그대의 흔적을 따라가고
> 짚어본 나의 발걸음이 가볍다

초겨울의 날씨마저 따뜻해서
참 좋다.
　　　　　―「오장환을 만나러 회인면을 가다」에서

3)갑자기 그녀가 보고 싶다
많은 얘기를 나누고
예술 사상을 배우고 싶다
예술을 사랑한 천재
외롭고 쓸쓸하게 사라져간 예인 나혜석
그녀가 더욱 보고 싶어진다
　　　　　―「나혜석 거리를 걷다가」에서

4)그는 피를 흘리는 듯
오슬로의 노을 속에서
기괴한 자연의 괴성을
들었노라 이야기한다

환청 아니 환각, 착란도 아니라 외치는데
그렇다면 놀람도 아닌 또 다른 절규
그 무엇이 자신 속에 존재할지도
　　　　　―「뭉크의 절규」에서

　1)은 김영랑의 생가 강진에 가서 영랑을 만나고 그의 시심에 젖었다가 온 내용이고, 2)는 충북 보은의 오장환(1918-1953) 생가에 가서 그 젊은 시절을 떠올리다가 온 심회를 그렸고, 3)은 나혜석(1896- 1948) 거리를 걸으며 떠오른 나혜석 생애를 기억해 내는 대목이고, 4)는 색다르게 노르웨이

오슬로 국립미술관에 가서 유명한 뭉크의 대표작 〈절규〉를 감상하고 온 것을 피력하고 있다. 김영랑은 1930년대 시문학파 대표로서 순수시의 선구자였고, 오장환은 약관 18세에 서정주와 더불어 시인부락 동인에 참가했고, 나혜석은 20세기 한국 최초의 여성 서양화가로서의 길을 걸은 사람이고, 뭉크는 노르웨이 표현주의 작가로서 대표작 〈절규〉로서 그로테스크한 세계를 표현하여 세계 화단의 주목을 끌어온 사람이다.

전성재 시인의 본질이 우선인 삶의 철학은 이런 선구자적인 세계적인 예인들과는 다른 쪽에서 성립되는 것이다. 수수함, 무기교, 무채색 본래성 그것은 언어의 탁마라든가, 생명에의 또다른 탐구라든가, 첨단 예인의 그림자를 드리우는 것이거나 괴기한 질서나 원색적 밀어부침의 화법에는 거리가 상당히 떨어져 있는 것이기 때문이다. 그럼에도 때로는 전시인처럼 어쩌면 실험성의 그 실험으로 가는 길목에 서서 일상과는 다른 쪽의 예술적 마성을 추구해 보고 싶을 수도 있었다는 생각을 할 수가 있다. 전시인의 내면이 이렇게 단순하지 않은 것은 과욕이나 과실험 같은 것을 추구하지는 않더라도 예술이나 시에 예측 불가해의 기류가 존재하고 그 존재함의 한 부면을 스스로의 미학에 들여놓는 것이 최소한의 시적 소명이라는 점을 간파한 결과가 아닌가 여겨지기도 한다.

그리고 보면 전성재 시인은 인간세상의 본류를 걸어가는 시인이고 생활을 시의 등가성으로 올려놓는 데 일단 강음부를 두고 있는 듯이 보인다. 그가 관여하는 도자예술의 극점이 반드시 이조백자나 고려청자의 정수에 있지 않고 오히려 우리네 삶의 깊이와 연계되는 막사발 같은 데 있다는 점, 그 비의(秘儀)를 터득한 시인임이 분명해 보인다는 말이다. 다음 시집에서 그 진경이 더 깊어지기를 바란다.

내 이름을 불러줘
전성재 세번째 시집

발 행 일	|	2018년 9월 10일
지 은 이	|	전성재
발 행 인	|	李憲錫
발 행 처	|	오늘의문학사
출판등록	|	제55호(1993년 6월 23일)
주 소	|	대전광역시 동구 대전로867번길 52(한밭오피스텔 401호)
전화번호	|	(042)624-2980
팩시밀리	|	(042)628-2983
전자우편	|	hs2980@hanmail.net
카 페	|	cafe.daum.net/gljang(문학사랑 글짱들)
		cafe.daum.net/art-i-ma(아트매거진)
공 급 처	|	한국출판협동조합
주문전화	|	(070)7119-1752
팩시밀리	|	(031)944-8234~6

ISBN 978-89-5669-938-7 03810
값 9,000원

ⓒ전성재, 2018

* 이 책은 교보문고에서 eBook(전자책)으로 제작·판매합니다.
* 잘못 제작된 책은 바꾸어 드립니다.
* 이 책은 文化 용인문화재단 의 문예진흥기금을 지원받아 발간되었습니다.